UN MARI

DANS DU COTON

SCÈNES D'INTÉRIEUR

Représentées pour la première fois, à Paris, sur le théâtre des VARIÉTÉS,
le 6 avril 1862.

IMPRIMERIE DE L. TOINON ET C°, A SAINT-GERMAIN.

UN MARI
DANS DU COTON

SCÈNES D'INTÉRIEUR

MÊLÉES DE COUPLETS

PAR

LAMBERT-THIBOUST

PARIS

MICHEL LÉVY FRÈRES, LIBRAIRES ÉDITEURS

RUE VIVIENNE, 2 BIS, ET BOULEVARD DES ITALIENS, 15

A LA LIBRAIRIE NOUVELLE

—

1865

PERSONNAGES

HIPPOLYTE CLAPIER............... M. Dupuis.

CÉSARINE, sa femme............... Mlle Alphonsine.

Les indications sont prises de la gauche du spectateur. — Les personnages sont inscrits en tête des scènes dans l'ordre qu'ils occupent au théâtre. Les changements de position sont indiqués par des renvois au bas des pages.

SCÈNE III.

CÉSARINE , seule. — Elle guette de l'œil la sortie de Clapier; puis, quand elle est seule, elle tire de sa poche une seconde clef du secrétaire, l'ouvre vivement, et prend le journal de son mari.

Voyons si mon gredin a ajouté quelque chose... (Feuilletant le manuscrit.) « Malvina... Caro... » Connu, tout ça, connu... « Adèle, Hortense...» Tout ça est vieux... Ah! ça sent l'encre fraîche... (Lisant.) « 18 janvier... Que le diable emporte Berlurot qui a fait mon mariage... » Ah! je suis de ton avis... va-nu-pieds! Que le diable patafiole Berlurot!... (Lisant toujours.) « Césarine n'est pas mal, mais ça ne vit pas, c'est fadasse, c'est bourgeois, c'est empaillé... » (S'interrompant.) Je suis une femme empaillée! (Continuant.) « Ma vie est un lac sans rides... Je m'ennuie comme une croûte de pain derrière une malle... » Oh! je l'aimais, ce brigand-là!... (Replaçant le manuscrit, fermant le secrétaire et remettant la clef dans sa poche.) Ah! il lui faut des femmes sentimentales, des lionnes, des femmes jalouses et passionnées! Eh bien, on t'en donnera, gredin!... on t'en donnera, Sardanapale!... Ah! tes côtelettes ne sont pas assez cuites... Eh bien, on va te les faire cuire, brigand! Tiens! (Elle prend les côtelettes et les met dans la cheminée.) Ah! tu veux des rides sur ton lac! Méfie-toi! mes ongles poussent, Hippolyte, mes ongles poussent! (Elle s'assied sur le canapé.)

SCÈNE IV.

CÉSARINE, près de la cheminée, CLAPIER, rentrant; il est habillé.

CLAPIER, au public.
Ma chemise était prête, mes boutons de manchettes étaient à côté de ma cravate, mes bottines étaient vernies!... Je comprends le suicide!... Tiens! qu'est-ce que ça sent donc?... Ça sent le brûlé! (Se mettant à table.) Allons! ces côtelettes...

CÉSARINE, se levant, et les apportant au bout des pincettes.
Les voilà, mon ami.

CLAPIER.
Qu'est-ce que c'est que ça?

CÉSARINE.
Je les ai fait un peu rissoler.

CLAPIER.
Rissoler!... Mais c'est du charbon, du coke.

CÉSARINE, prenant peu à peu le ton poétique en tenant toujours les
côtelettes au bout des pincettes.

En effet, oui... Que voulez-vous! la vie est une épreuve...
(Clapier relève latête.) On se dit : « Le ciel est bleu, j'ai vingt ans,
la vie est belle ; les oiseaux chantent : Coui... coui... coui...»

CLAPIER, à part.

Qu'est-ce qu'il y a?

CÉSARINE.

Les fleurs, les parfums, tout cela, tout cela!... Hippolyte,
croyez-vous à l'immortalité de l'âme?

CLAPIER, à part.

Ah çà! qu'est-ce qui lui prend? (Haut.) Laisse donc les
pincettes.

CÉSARINE, avec enthousiasme.

Oh! le paradis des âmes!... N'être qu'une blanche vapeur,
une vague fumée, et planer dans l'infini... voltiger comme
les hirondelles... frou... frou... frou...

CLAPIER, à part.

Ah çà! est-ce qu'elle rêve?

CÉSARINE.

N'avoir plus à se dire : « Allons chez le fruitier : faisons le
compte de la blanchisseuse ; » n'avoir plus à se dire : « Le
pain est diminué de trois centimes... » Ne plus manger,
ne plus dormir, être une âme, enfin... et voltiger... frou...
frou... frou... Chantez, anges de ciel, chantez ! (Elle jette les
côtelettes sur la table, et garde les pincettes.)

CLAPIER, à part.

Est-ce qu'elle serait somnambule?

CÉSARINE.

Hippolyte, comment appelez-vous cet oiseau qui a les ailes
bleues ?

CLAPIER.

Les perroquets?

CÉSARINE.

Non, tu sais... ces petites rivières... bordées de saules...
tout à coup un oiseau s'échappe... frou... frou... frou...

CLAPIER.

Les martins-pêcheurs!... Mais pourquoi me demandes-tu
ça?

CÉSARINE.

Hippolyte...

CLAPIER, qui approchait de sa bouche un morceau de foie gras.

Ma bonne amie?

CÉSARINE, allant s'asseoir sur le canapé, derrière lequel elle jette les pincettes.

Viens ici, près de moi.

CLAPIER, obéissant.

Me voilà, ma bonne amie. (A part.) Décidément, ça n'est pas naturel. (Il s'assied près d'elle.)

CÉSARINE *.

Oui... c'est cela... laisse ma tête reposer sur ta poitrine et compter les battements de ton cœur... Te rappelles-tu, ami, nos huit jours passés à Étretat?

CLAPIER.

Oui... oui...

CÉSARINE.

Et notre promenade en mer ?...

CLAPIER.

Oui... Oh! j'ai été assez malade... Mais, enfin, à propos de quoi?...

CÉSARINE.

La mer, abîme sombre, immense ; au loin, le soleil se couchant dans un nuage de pourpre et d'or ; puis, à l'horizon, des voiles blanches qui s'éloignent... Où vont-ils, les matelots ?... (Elle agite son mouchoir, en fredonnant tristement.)

Il était un petit navire... (*bis.*)

(Changeant de ton.) Dis-moi, ami, si tu me perdais, te remarierais-tu?

CLAPIER, à part, se levant.

Elle a une conversation décousue... (Haut.) On ne fait pas de ces questions-là.

CÉSARINE.

Comment appelez-vous cet oiseau qui a de grandes ailes ?

CLAPIER, à part.

Ah! elle m'ennuie avec ses oiseaux !...

CÉSARINE, se levant.

Ah! la vie est étrange, Hippolyte...

CHAPIER, éclatant.

Ah çà! décidément, Césarine, c'est une plaisanterie ?

CÉSARINE.

Dieu ! que je souffre !...

CLAPIER, un peu inquiet.

Comment !... Tu souffres ?...

* Cla. Cés.

CÉSARINE.

J'ai quelque chose de cassé!... (Elle essaye de tousser.)

CLAPIER.

Où ça, ma bonne, où ça?

CÉSARINE.

Là... dans la poitrine. — Oh! que m'importe, du reste
La vie est une loque... Hum! hum!... Vois-tu comme je
tousse?... (Elle s'assied près de la table, sur le fauteuil.)

CLAPIER, prenant le pouf et s'asseyant près d'elle.)

Mais... faut voir un médecin...

CÉSARINE.

Les médecins!... Ah! ouiche!... Je suis bien perdue, va...
Mais sois tranquille, ami... j'ai mis mes affaires en ordre...
Tiens, voici mon livre de dépenses... Oh! tu peux lire... (Elle
le tire de sa poche et le lui tend.)

CLAPIER, le prenant.

A quoi bon? Je sais bien que tu es une vraie femme de
ménage... trop, même, trop!...

CÉSARINE.

Lis, te dis-je, je le veux!

CLAPIER, se levant.

C'est différent!... (A part, en se touchant le front.) C'est là-dedans
que c'est cassé...

CÉSARINE.

Lis, ami.

CLAPIER, lisant.

« Du 5, une botte de radis... du 6, un canard... du 7, un cheval...» (Criant.) Comment, un cheval?

CÉSARINE.

Anglais, mon ami, anglais... Excellente occasion... Conti-
nue...

CLAPIER.

« Du 8, poivre, cravache, selle et harnais... » Comment,
selle et harnais?

CÉSARINE.

Voulez-vous donc que je monte à poil comme les écuyers
du Cirque?...

CLAPIER, jetant le livre.

Sapristi!... Mais je veux que tu ne montes pas du tout!

CÉSARINE.

Et moi je veux embellir mes derniers jours... (Se levant.)
A moi le bruit des fêtes, l'enivrement de la musique, le ruis-
sellement des lumières!... A moi la valse où l'on se pâme!...
à moi les robes nouvelles, les parures, les diamants!... Attends... attends!... (Elle va ouvrir le bahut de droite.)

CÉSARINE.

Vous?

CLAPIER.

Moi!...

CÉSARINE, passant à droite *.

Allons donc!

CLAPIER.

Où est votre cheval?

CÉSARINE.

Il est en pension chez Pellier...

CLAPIER.

Dès demain, je le retire de collége...

CÉSARINE.

Vous?...

CLAPIER.

Moi!...

CÉSARINE.

As-tu fini!...

CLAPIER.

Madame!...

CÉSARINE.

Tenez, voilà ce que vous me faites faire... (Elle hausse le épaules.)

CLAPIER.

J'arrête ces folles dépenses!... d'ailleurs, je n'ai pas d'argent.

CÉSARINE.

Vous n'avez pas d'argent?

CLAPIER.

Non, madame.

CÉSARINE.

Mais vous avez six mille livres de rente!

CLAPIER.

Ah çà! est-ce qu'avec six mille livres de rente, vous vous imaginez... qu'on peut aller bien loin?

CÉSARINE.

Aller bien loin!... Je ne vous demande pas à aller en Cochinchine... bois de Boulogne, voilà tout... il n'a pas d'argent!... N'êtes-vous donc pas propriétaire?...

CLAPIER.

Si... d'une maison aux Batignolles; les Batignolles ne sont pas Paris.

* Cla. Cés.

CÉSARINE.

Pardon !... les Batignolles sont parfaitement Paris... il y a eu un décret... petites barrières reculées... Et votre place à la douane ?...

CLAPIER.

Trois mille francs !

CÉSARINE.

Et vous n'avez pas d'argent !... (D'un ton pincé et ironique.) Hippolyte, vous savez... il ne faut pas me la faire à moi, celle-là !... Elle est *mauvoise !*... (Elle s'éloigne d'un air digne.)

CLAPIER.

Madame, que j'en aie ou que je n'en aie pas, vous n'en aurez pas... vous !

CÉSARINE.

Ah ! vous me refusez à moi ? (A part.) En avant la femme jalouse !... (Haut.) Ah !... vous me refusez à moi ?... C'est donc pour le donner à une autre ?

CLAPIER.

A une autre !

CÉSARINE.

Hippolyte, vous avez une maîtresse !

CLAPIER.

Allons donc ! (Il passe à droite.)

CÉSARINE *.

Quelle infamie !... Mon Dieu ! le misérable a une maîtresse... il a une maîtresse... Je m'en doutais... quelque chose me disait que vous me trompiez...

CLAPIER.

Vous êtes folle ! (Il s'assied sur le fauteuil, près de la table.)

CÉSARINE.

Vous êtes sorti à huit heures... hier soir... et rentré à minuit... Qu'est-ce que vous avez fait ?

CLAPIER.

Je suis allé au café.

CÉSARINE.

Au café... c'est facile à dire... au café... On dit à sa femme : « Ma bonne amie, je suis allé au café, » et on est allé folichonner ailleurs... Les hommes sont lâches !...

CLAPIER.

Je suis allé au café... J'ai joué un bock avec Berlurot... au bézigue... en quinze mille... partie liée !...

CÉSARINE, le regardant fixement dans le blanc des yeux.

Ah !... où est votre porte-monnaie ?...

---

* Cés. Cla.

CLAPIER.

Mon porte-monnaie?... (Le tirant de sa poche.) Parbleu!... le voilà!...

CÉSARINE, le prenant.

Il y avait dedans vingt-huit francs cinquante... (Elle l'ouvre.) et il reste... vingt-six francs... Qu'est-ce que vous avez fait des cinquante sous?...

CLAPIER.

Mais...

CÉSARINE.

Parlez... si vous êtes sûr de vous, parlez...

CLAPIER.

J'ai eu deux bocks...

CÉSARINE.

Ah! vous avez perdu?... Vous êtes joueur, Hippolyte... Enfin... deux bocks, seize sous... Après?

CLAPIER, cherchant.

Après?... Ah! quatre sous au garçon...

CÉSARINE.

Quatre sous au garçon?... Mazette!.. vous allez bien!... Ah! vous donnez quatre sous au garçon... et vous me refusez un cheval... Les hommes sont lâches!... Enfin, ça fait vingt sous, tout ça!... Après?...

CLAPIER, cherchant toujours.

Après?... Dame...

CÉSARINE.

Et les trente sous qui restent... qu'en avez-vous fait?

CLAPIER, se levant.

Dame!... je ne sais pas... (Il passe à gauche *.)

CÉSARINE.

Vous ne savez pas?... (Avec éclat.) Hippolyte, vous avez une maîtresse!...

CLAPIER.

Oh! Césarine!...

CÉSARINE.

Vous êtes un lâche!... Ah! tu me trompais!...

CLAPIER.

Mais non!

CÉSARINE.

Et moi je gardais la maison!... Elle est donc bien belle, cette femme?

CLAPIER.

Mais je ne connais pas de femme!

* Cla. Cés.

CÉSARINE.

Et voilà l'homme auquel on a lié ma vie!... Oh! les hommes!... Ils disent : « J'en ai assez de courailler, voilà une jeune fille qui n'est pas mal, elle a une dot... bah! épousons-la. » Et ils s'insinuent dans votre famille... avec des habits neufs... ils se font friser,... ils vous regardent en clignant des yeux... en gonflant la narine... jusqu'à ce que vous, pauvre jeune fille, élevée sous l'aile maternelle, ne sachant rien du monde, vous disiez un jour : « Ce jeune homme a du cachet. » Alors, ils daignent vous épouser... et trois mois après... ils vont chez les courtisanes!... ils leur donnent des fleuves de diamants, des boisseaux de perles fines, tout une constel-lation de rubis!... et nous, nous, les femmes honnêtes, nous, les gardiennes de leur honneur, ils nous apportent le soir, quoi?... *L'Opinion nationale...* Hippolyte, qu'as-tu fait de tes trente sous?...

CLAPIER.

Ah! mais... c'est intolérable!... Je m'en vais... bonjour! (Il prend son chapeau et remonte.)

CÉSARINE, courant et se plaçant devant la porte, dramatiquement.

Tu ne sortiras pas!...

CLAPIER, redescendant.

Ah mais!... ah mais!... ah mais!...

CÉSARINE.

Tu l'aimes donc bien, ta Juliette?...

CLAPIER.

Juliette!... Est-ce que je connais une Juliette!...

CÉSARINE, venant à lui.

N'y va plus... ne va plus chez elle et je te pardonne... Tiens... tiens... je suis à tes pieds!... (Elle se jette à genoux et se cramponne au bras de Clapier.) Renvoie-lui ses lettres... Elle t'a écrit, n'est-ce pas?... Où sont ses lettres?... (Elle fouille dans les poches de son paletot.) Où sont-elles?...

CLAPIER.

Madame, assez...

CÉSARINE, tirant une lettre d'une poche de son mari.

Ah! en voilà une!...

CLAPIER.

Vous pouvez lire.

CÉSARINE, lisant.

« Tu serais bien gentil de me prêter ton habit bleu à bou-tons d'or... Signé : EDGARD. »

CLAPIER.

La... tu vois...

CÉSARINE, réfléchissant.

Edgard... on ne s'appelle pas Edgard... Ah! elle vous écrit sous le nom d'Edgard... Je m'en doutais.

CLAPIER.

Mais non... Edgard, c'est un employé de chez nous... ce n'est pas une femme... puisqu'il m'emprunte un habit.

CÉSARINE.

Elle vous emprunte un habit pour s'habiller en homme, pour vous suivre sans éveiller les soupçons..... Oh ! elle est maligne, cette femme-là !...

CLAPIER, se contenant.

Césarine, je te donne ma parole d'honneur... tu entends bien... ma parole d'honneur... (A part.) Oh! les femmes jalouses, quelle peste !... (Haut.) Je te jure, Césarine, sur ce que j'ai de plus sacré... que...

CÉSARINE, allant s'asseoir près du secrétaire et fondant en larmes.

Gnin !...

CLAPIER.

Allons, bon !... voilà l'averse !...

CÉSARINE, pleurant toujours.

Houh !...

CLAPIER, s'approchant d'elle.

Césarine, je te donne ma parole d'honneur...·

CÉSARINE, de même.

Gnin !...

CLAPIER, à part, s'éloignant.

Ah !... au diable !..... (Il se jette dans un fauteuil, près du bahut à gauche, et tourne le dos à Césarine.)

CÉSARINE, d'une voix entrecoupée par les sanglots.

Qu'est-ce... qui... qui... m'aurait dit ça... quand... quand... je vous... vous... ai épousé !...

CLAPIER, sans se déranger.

Oh ! sapristi !... si vos parents m'avaient prévenu... ça ne serait pas arrivé... Ils m'ont dit que vous étiez un ange de douceur... (Se levant.) Ils m'ont joliment fourré dedans !... Ah! ah ! ah !...

CÉSARINE, se levant.

Il insulte ma mère !... Oh! le misérable !... Tenez, vous n'avez pas de cœur !...

CLAPIER.

Oui... oui... allez votre train... (Il s'assied sur le canapé.)

CÉSARINE, venant près de lui.

Tu t'ennuies avec moi, n'est-ce pas ?

CLAPIER.

Je ne ris pas beaucoup... et je défierais bien de rire... le bossu le plus folâtre...

CÉSARINE.

Tu voudrais être dans ses bras... dans les bras de ta Juliette ?

CLAPIER.

Oui... oui... oui...

CÉSARINE, allant derrière le canapé.

Il en convient!... Et je le laisserais à une rivale!... Jamais!... (Elle ramasse les pincettes et les tient levées sur Clapier, qui tourne le dos. — Clapier lève la tête et voit les pincettes.)

CLAPIER, se levant en poussant des cris, et passant à droite *.

Ah! pas de bêtises!... Césarine!...

CÉSARINE.

Le lâche!... il a peur de la mort!...

CLAPIER.

Parfaitement.

CÉSARINE, jetant les pincettes.

Vis donc... Héliogabale!... vis pour elle!... pour ta Juliette!... Moi, je sortirai d'ici!... je retournerai dans ma famille!...

CLAPIER.

Ah! ma foi!... si ça doit continuer comme ça, tu feras aussi bien...

CÉSARINE.

Il me chasse !...

CLAPIER.

Mais non!... Reste si tu veux...

CÉSARINE.

Rester... pour garder la maison comme un pauvre petit chien, pendant que monsieur fera ses chinoiseries en ville?... Ranger, épousseter... Tiens, voilà comme je la rangerai, la maison!... (Elle prend le vase qui est sur le bahut de gauche et le brise; puis elle en fait autant d'une assiette qu'elle prend sur le bahut de droite.)

CLAPIER.

Elle concasse mon Japon!...

CÉSARINE.

Tiens!... voilà comme je remonte les pendules!... (Elle fait tourner rapidement les aiguilles et l'on entend un craquement causé par le bris du grand ressort.)

CLAPIER.

Césarine!...

CÉSARINE.

Il faudra remettre aussi des boutons à tes chemises, pas vrai?... Tiens!... voilà comment je les remets, les boutons!... (Elle ouvre le bahut de gauche et en sort des chemises qu'elle jette en l'air une à une.)

CLAPIER.

Mes chemises!...

* Cés. Cla.

CÉSARINE, même jeu.

Les voilà, tes vieilles chemises!... Hop!... hop!...

CLAPIER.

Césarine!... (Il ramasse ses chemises, qu'il met sur un fauteuil.)

CÉSARINE.

J'étouffe!... (D'une voix forte.) Avec la maladie que j'ai, il faut que vous soyez bien infâme pour me torturer comme vous le faites...

CLAPIER.

Moi... je te torture!...

CÉSARINE, passant la main sur son front.

Je ne sais ce que j'éprouve... Oh! mes nerfs!... mes nerfs!... (Elle fait des soubresauts.) Du vinaigre!... (Elle pousse des cris et va, en sautillant d'une façon nerveuse, tomber sur le canapé.)

CLAPIER, la prenant dans ses bras et lui aidant à s'asseoir.

Allons bon! elle se trouve mal!... Voyons, calme-toi!...

CÉSARINE, même jeu.

Où demeure-t-elle, ta Juliette?... Je veux la tuer!... Ah! du vinaigre!...

CLAPIER, courant au bahut de droite et prenant la burette.

Tiens! voici la burette... Respire... respire... (Il se met à ses pieds et lui fait respirer le vinaigre.)

CÉSARINE, comme revenant à elle.

Où suis-je?... (Regardant son mari.) A mes pieds!... lui!... Que t'ai-je dit, Hippolyte?... Je t'ai accusé, moi!... moi!... (D'une voix caverneuse.) Oh! mon Dieu! en ai-je le droit!...

CLAPIER.

Comment!... Que dis-tu?...

CÉSARINE.

Rien... rien... Tu m'as trompée...

CLAPIER.

Mais non!...

CÉSARINE.

Tu m'a trompée... je le sais, mon ami... tu me l'as avoué toi-même... car tu as le mérite de la franchise, au moins.

CLAPIER.

Moi! je n'ai rien avoué du tout!

CÉSARINE.

Si fait... tout à l'heure... là, cette femme, qui se fait appeler Edgard... tu sais... Tu m'as trompée, c'est justice... je suis punie.

CLAPIER, inquiet.

Punie de quoi? punie de quoi? (Il se relève.)

CÉSARINE.

Ne m'interroge pas... mon passé m'appartient... Ton passé t'appartient... Notre passé nous appartient.

CLAPIER.

Mais, pas le moins du monde!... Ton passé est à moi...

CÉSARINE, se levant.

Tais-toi!... Tu es libre... tu seras vengé!... (Prenant le chapeau de son mari, qu'il a posé sur la cheminée.) Tiens, mon ami, voici ton chapeau. (Elle le lui apporte.) Sors, mon ami, va chez ta Juliette!... Tu l'aimes, roule-toi à ses pieds... mais ne lui dis pas de mal de moi, à cette femme... En rentrant, tu en serais fâché, car tu es bon, toi, Hippolyte... Tu es une âme généreuse... au fond.

CLAPIER, très-inquiet.

Une âme généreuse... Ça dépend... Explique-moi...

CÉSARINE, tenant toujours le chapeau.

Rien... Embrasse-moi... sur le front, mon ami, comme on embrasse une sœur... Je suis punie... bien punie...

CLAPIER.

Mais punie de quoi?

CÉSARINE, lui donnant son chapeau, et passant à droite *.

Adieu, Hippolyte... pas au revoir... adieu!... Laisse-moi te regarder encore une minute... tes bons yeux... (Lui retirant son chapeau.) Ton front... ton nez... na!... c'est fait... Voilà ton chapeau, mon ami... Va chez ta Juliette, va... Oh! ne crains rien... Tu vois, j'ai le sourire aux lèvres... Voici ton chapeau, mon ami. (Elle le lui donne.)

CLAPIER, à part.

Oh! elle a des projets sinistres...

CÉSARINE.

Adieu, mon ami... adieu, mon frère!

CLAPIER, à part.

Je reste...

ENSEMBLE.

Air : *Il baccio.*

CLAPIER.

Quel mystère!
Sa colère (*bis*)
Fait place à la douleur.
Que veut dire
Ce délire?
Ah! mon cœur
Pressent un malheur!

CÉSARINE.

Ma colère

* Cla. Cés.

Passagère,
Ma colère
Fait place à la douleur!
Le délire
Qui m'inspire
A mon cœur,
Prédit un malheur!
CÉSARINE.
Plus d'amour!...
En ce jour,
N...i, ni,
Tout est fini!
CLAPIER, à part.
Quel est ce vertigo?
Quelle virago!
Ah! que ne suis-je au
Congo,
Ou même à Bornéo!

REPRISE DE L'ENSEMBLE.

(Césarine entre à droite.)

SCÈNE V.

CLAPIER, seul. Il tient d'une main son chapeau, et de l'autre la burette.

Cette fièvre me tue!... cette fièvre me tue!... (Il remet son chapeau sur la cheminée, et, après avoir respiré le vinaigre, pose la burette sur la table.) Ah! j'en ai des pulsations, à présent... j'en aï trop... (Musique. — Grand bruit à côté.) On démolit dans la cuisine... Pourquoi?... Qu'est-ce qu'elle fait dans la cuisine?... Et elle voulait m'éloigner... Quel soupçon!... Oh! je saurai tout! (Il reprend son chapeau et entre dans la chambre de gauche.)

SCÈNE VI.

CLAPIER, caché, **CÉSARINE.**

(Césarine vient de la droite. Elle a retiré le sombrero et l'amazone. Elle est en robe de dessous. — Ses cheveux, dénoués, flottent dans le plus grand désordre. — Ses yeux ont une expression égarée. — Elle tient à la main un petit réchaud.)

CÉSARINE, à elle-même.

Numéro 4... mademoiselle Hortense... femme passionnée... genre échevelé!... (Lorgnant la porte derrière laquelle est Clapier.) On va t'en donner de la passion, scélérat! (Haut, de façon à être entendue.) Il faut en finir!... il faut en finir avec la vie! (Elle pose le réchaud à terre, et met le pouf derrière.) Où est le soufflet? Ah! le voilà! (Elle le prend.) Oh! mon Dieu, donnez-moi le courage! (Elle s'asseoit sur le pouf et se met à souffler précipitamment.)

CLAPIER, se montrant vivement *.

Césarine! (Il court à elle.)

CÉSARINE.

Lui!... (Elle souffle toujours.) Je t'avais dit de rentrer dans deux heures... Je veux mourir... J'en aime un autre!

CLAPIER, interdit.

Toi!

CÉSARINE, soufflant à tour de bras.

Ah! tu vois bien qu'il faut que je meure. (Changeant de ton.) Le charbon ne prend pas... Comme ces charbonniers sont voleurs!

CLAPIER.

Vous en aimez un autre?

CÉSARINE, se courbant.

Oh! tuez-moi!... tuez-moi!...

CLAPIER.

Un autre que moi! (Il prend le soufflet et le fourneau et les porte près de la cheminée.)

CÉSARINE.

Oh! je l'aimais avant notre mariage!

CLAPIER.

Et vous ne m'avez pas prévenu?

CÉSARINE.

Je n'y ai pas pensé!... Quand on se marie, on a tant de choses à faire!

CLAPIER.

Son nom?

CÉSARINE, se levant.

Son nom!... (Avec orgueil.) Il s'appelle Alfred!

CLAPIER, d'une voix terrible, et faisant un geste de menace.

Alfred!...

CÉSARINE, tombant à genoux.

Oh! brisez-moi!... écrasez-moi, si vous voulez... mais je l'ai bien aimé!... Est-ce que la passion raisonne?... On ne badine pas avec l'amour!

CLAPIER, écumant.

Madame, vous allez me dire...

CÉSARINE, se relevant.

Comment je l'ai aimé? Est-ce que je sais, moi?... J'avais

* Cla. Cés.

seize ans, il était beau, il avait du cœur, il est venu, je l'ai aimé, voilà tout... Que m'importe le reste!... (Elle secoue ses cheveux et passe à gauche.)

CLAPIER *.

Mais c'est un abus de confiance!...

CÉSARINE, repassant à droite **.

Que m'importent les préjugés du monde, la tyrannie d'un père, la colère d'un époux!... Que me fait l'univers à moi!.. Je l'aime!... (Elle repasse à gauche ***.)

CLAPIER.

La profession du misérable? sa profession, madame?...

CÉSARINE, avec l'orgueil de l'amour.

Professeur de billard!...

CLAPIER.

Un faiseur de carambolages!...

CÉSARINE.

Il vous en eût rendu quarante-cinq de cinquante!... Ah! ah! ah!... Et il demande pourquoi je l'aime!!! (Arpentant le théâtre.) Il est parti... il est allé se faire une position en Amérique... et moi j'en ai épousé un autre... et, en ce moment peut-être, perdu dans le désert... brûlé par la soif, il expire sous un palmier ou sous la griffe des jaguars!...

CLAPIER, qui s'est assis près du secrétaire.

Ah! ça m'est bien égal, par exemple!

CÉSARINE.

Ma place est à ses côtés!... Il me tend les bras, il m'appelle... je veux partir... mais il me faut de l'or!... Comment avoir de l'or?... Ah!... mes diamants! (Elle prend un petit coffret dans le bahut de gauche.)

CLAPIER, se levant, et courant à elle.

Mais... c'est moi qui vous ai donné tout cela!

CÉSARINE.

Que m'importe!... Est-ce que la passion raisonne?... J'ai de l'or... je suis libre! (Elle va vers la porte du fond.)

CLAPIER, la prenant par le bras, et la repoussant.

Ah! je vous forcerai bien à rester!

CÉSARINE.

Eh bien!... je m'empoisonnerai!... et j'écrirai aux juges que c'est vous... vous le coupable!...

CLAPIER, immobilisé, la bouche béante.

Moi!...

* Cés. Cla.
** Cla. Cés.
*** Cés. Cla.

CÉSARINE.

Est-ce que la passion raisonne?... Je suis libre!... j'ai de l'or!... de l'or!... de l'or!... Alfred!... Alfred!... (Elle entre à gauche en agitant en l'air le coffret, et en secouant ses cheveux.)

SCÈNE VII.

CLAPIER, seul. — A la sortie de Césarine, il s'avance sur l'avant-scène, regarde le public d'un air profondément triste, et dit :

Tout ça, c'est la faute à Berlurot!

Air : la Feuille et le Serment.

Quand vous voulez prendre une femme,
Prendre une femme,
Vous allez vite aux renseign'ments,
Aux renseign'ments.
Chacun vous dit : Quell' charmant' femm'!
L'amour de femme!
Ça vous enflamme!
Méfiez-vous des renseign'ments...
Car cette femme,
Qui cause mes tourments,
Tous mes tourments,
J'avais sur ell' les meilleurs renseign'ments!

Voyons, examinons froidement ma situation... D'une part, elle veut rejoindre le nommé Alfred, un négociant dont la position sociale consiste à dire à ses clients! « Prenez la bille en dessous, vous ramenez la rouge. » D'autre part, si je contrarie ses petits projets, elle m'inculpe... que faire?... (Souriant.) Me brûler la cervelle, pas autre chose... Voyons, pourtant, si je... non, n'y a pas autre chose. (Remontant vers la droite.) Ah! mon Dieu!... et j'avais de si bons renseignements!... Enfin!.. (Il entr'ouvre la porte de droite, et, sans sortir de scène, prend son fusil de garde nationale.) Mon fusil!... J'avais juré de ne m'en servir que pour voler à la frontière; mais... la frontière a le temps d'attendre, tandis que moi... Je mettrai deux balles... parce que si la première ne me fait pas d'effet, je pourrai me rattraper sur la seconde... (S'attendrissant.) C'est égal, mourir si jeune !... Ah! je n'aurai pas eu de chance!... J'étais si heureux !... voilà... je me plaignais de mon sort... C'est bien fait, grand ingrat que tu es... C'est bien fait... Du bruit... ma femme!... (Il cache son fusil dans un coin, près du secrétaire.)

SCÈNE VIII.

CÉSARINE CLAPIER.

CÉSARINE, entrant par la gauche, habillée comme elle était à la scène deuxième.

Bonjour, mon ami, bonjour, le grand chien aimé!... Il est tard... as-tu faim?... veux-tu dîner?

CLAPIER, stupéfait.

Hein?

CÉSARINE.

Ah! que je suis folle!... Ernestine a campo... Eh bien, si tu veux, Polyte, nous dînerons au restaurant.

CLAPIER.

Au restaurant?

CÉSARINE.

Ah! tu crains de n'avoir pas assez d'argent?... Eh bien, prends-en dans ton petit secrétaire... de garçon... Tu n'as pas ta clef?... Je vais te prêter la mienne...

CLAPIER.

La tienne!...

CÉSARINE, la tirant de sa poche.

Oui... j'en ai fait faire une... petite clef, pour ouvrir petit secrétaire...

CLAPIER.

Ah bah!... (Musique à l'orchestre. Césarine va ouvrir et prend le manuscrit de Clapier.)

CLAPIER, à part *.

Le journal de ma vie!...

CÉSARINE.

Tu me mèneras dîner où tu voudras... Oh! je ne suis pas contrariante, moi, tu sais, je suis une petite femme bien simple, bien bourgeoise, bien pot-au-feu, bien fadasse.

CLAPIER, comprenant.

Ah!

CÉSARINE.

Ah! dame... je ne suis pas sentimentale, moi... Je ne suis pas un clair de lune... comme mademoiselle Malvina, mais ça viendra, si tu y tiens... je ne suis pas une élégante, une lionne, comme mademoiselle Caroline... mais je m'y ferai, si tu veux.

CLAPIER, vivement.

Non!

* Cla. Cés.

CÉSARINE.

Je n'ai pas besoin d'être jalouse comme Adèle... parce que je crois que tu m'aimes bien... Quant à faire de la passion... comme mademoiselle Hortense... Oh! ça ne me va pas... jouer la comédie du peigne... Non, tu sais, Polyte, je trouve ça inutile... Maintenant, si tout cela te plaît j'essayerai... il n'y a que trois mois que nous sommes mariés... ça ne peut pas venir tout d'un coup... mais enfin, j'ai de la bonne volonté, et j'y arriverai peut-être... dame, en travaillant!

CLAPIER.

Non, reste comme tu es!

CÉSARINE.

Et vous, ne pleurez plus votre passé. (Passant son bras sous celui de Clapier.) Voyons, Hippolyte, est-ce que vous n'avez pas assez goûté les vins d'extra?

CLAPIER.

Oh! si!

CÉSARINE.

Eh bien, alors, maintenant, contentez-vous d'un petit ordinaire.

CLAPIER.

Un petit ordinaire... oui... c'est si bon!... (Il embrasse sa femme.)

CÉSARINE.

Eh bien, que faites-vous?...

CLAPIER.

Je descends à la cave... Oui, j'étais fou... (Se jetant à genoux.) Tiens, punis-moi, commande, ordonne...

CÉSARINE.

Je t'ordonne de me payer un bon petit dîner fin... et après tu me mèneras voir *Rothomago!*... Veux-tu?...

CLAPIER, se relevant.

Ah! tu es un amour!...

CÉSARINE.

Je le sais bien... Oh! mais ce feu-là ne va pas du tout... attends, je vais le rallumer. (Elle va à la cheminée, froisse le journal de Clapier, et le glisse dans le feu.)

CLAPIER.

Oh!... Césarine, il me semble que tu ne pourras jamais oublier...

CÉSARINE, lui montrant le manuscrit enflammé.

Tiens... comme ça flambe!

CLAPIER.

Césarine!...

Cés. Cla.

CÉSARINE, revenant près de lui.

Il'ppolyte!...

CÉSARINE, au public.

Air de M. VICTOR CHÉRI. (Chanté à la scène IV.)

Lorsqu'aujourd'hui le bonheur
A retrouvé dans notre cœur
   Son gîte.

ENSEMBLE.

Gîte... (6 *fois.*)

CLAPIER, de même.

Ah! messieurs, chacun de nous,
A venir nous voir demain vous
   Invite.

ENSEMBLE.

Vite! (6 *fois.*)

CÉSARINE, faisant le signe d'applaudir.

Scellez, par ce mouvement, } (*bis ensemble.*)
Notre raccommodement.

CLAPIER, de même.

Scellez, en applaudissant, } (*bis ensemble.*)
Notre raccommodement.

FIN.